El sueño de los dioses

El sueño de los dioses y otros cuentos huicholes
Artes de México, 2012
Primera edición

Edición: Margarita de Orellana
Diseño: Germán Montalvo
Asistentes de diseño: César Susano, Enrique García Moreno

D.R. © Del texto: Gabriela Olmos, 2012.

Los cuadros de José Benítez Sánchez publicados en esta edición
forman parte de la colección de Artes de México.

D.R. © Artes de México, 2012
    Córdoba 69,
    Col. Roma, 06700, México, D.F.
    Teléfonos 5525 5905, 5525 4036

ISBN: 978-607-461-115-1

Impreso en México, en julio de 2012.

Página 4:
Niérika (*el don de ver*), 2005.
120 cms de diámetro.

Página 5:
Chamán.

El sueño de los dioses

de los dioses

y otros cuentos huicholes

Gabriela Olmos

Tablas de estambre de
José Benítez Sánchez, *mara'akame* huichol

ARTES
DE MÉXICO

ÍNDICE

El sueño de los dioses

Al principio sólo estaba el océano. En el océano vivían los dioses. Y los dioses podían soñar. Sólo eso era necesario para que la vida comenzara.

—¡Ya me estoy cansando de tanto estar en el agua! —comentó en cierto momento Takutsi, que más tarde se convertiría en la bisabuela de todos los huicholes.

—Ya tengo la piel arrugadita de tanto estar aquí. Y no sólo eso. Ya hasta aprendí a hacer trucos de magia... miren cómo le doy vueltas a mis ojos, y cómo me saco el corazón para volvérmelo a poner.

Y todos los dioses empezaron a reír.

—Yo ya también estoy aburrido del agua —se quejó Maxakuaxi, que no sabía que llegaría a ser Nuestro Abuelo Cola de Venado. —Sólo hay océano, océano y más océano...

—Yo el otro día soñé con un lugar al que podemos ir cuando salgamos de aquí —interrumpió Kauyumari, el más pequeño y tal vez el más astuto de todos. —Era un lugar seco y luminoso, cerca del sitio donde nacerá una bola brillante, a la que llamaremos sol.

—¿Cómo vamos a ir a ese lugar si no existe, sólo lo soñaste, Kauyumari? —replicó Maxakuaxi. A veces los grandes insisten en burlarse de las palabras de los más pequeños.

—¿Pero cómo sabes que no existe si no lo hemos ido a buscar?

Fue entonces cuando los dioses empezaron a caminar. Y con sus pasos crearon el mundo. Primero hicieron la playa, con su arena y sus conchitas de colores. Y como vieron que era divertida, se sintieron contentos, y siguieron adelante. Luego crearon las flores, los árboles, los charcos y las ranas. Y cuando las escucharon croar rieron tanto, que pensaron que todo iba bien, y siguieron adelante. También crearon los peñascos, las laderas, las formaciones rocosas y todo cuanto vemos.

De cuando en cuando, alguno se cansaba en esta peregrinación, porque crear el mundo no es tan fácil: hay que andar ahí donde nadie ha dejado sus huellas, y eso suele requerir un gran esfuerzo. Pero como todos los demás no se querían detener, sólo los dejaban en el camino. Y ellos, para embellecer el mundo, se convertían en manantiales, cerros y hasta en árboles antiguos de esos que parecen haber estado siempre ahí.

Todo hubiera salido de maravilla, y los dioses habrían llegado sin problema hasta el desierto donde después saldría el sol, si Maxakuaxi no hubiera tenido una pesadilla.

—Soñé con unos gigantes —dijo alarmado al despertar. —Eran un poco tontos, pero tenían unos instrumentos con los que podían llegar más fácil al lugar que buscamos.

Y como ellos ya habían aprendido que todo lo que sueñas puede existir, no se sorprendieron cuando los gigantes aparecieron en el mundo.

—¡Mírenlos!, tienen unas varas emplumadas y unas jícaras... —Kauyumari llamó la atención de los dioses con la voz bajita para que los gigantes no se enteraran de que los dioses los espiaban. —Seguro todos estos instrumentos son poderosísimos.

—¡Ay, claro que no! —lo interrumpió Maxakuaxi.

—Entonces, ¿cómo es que si son tan tontos, han llegado hasta aquí? Deberíamos de robárselos para ir más rápido nosotros.

—¡Tengo una idea! —gritó de pronto Takutsi, y todos la obligaron a bajar la voz. —¡Enseñémosles a sacarse el corazón! ¡Verán que es divertidísimo!

A los gigantes les encantó la propuesta. Y es que nunca habían visto nada igual: Takutsi se volteaba la cabeza, podía hacer que uno de sus pies viera hacia adelante y el otro hacia atrás, jugaba con sus ojos como si tuvieran resortes y se sacaba el corazón. Y los gigantes la imitaban con torpeza, aunque lentamente, porque después de cada malabar se detenían a reír por un rato, como hacen los tontos cuando creen que algo les sale bien.

—¡Al fin lo logramos! —gritó Kauyumari cuando descubrió que los gigantes habían querido sacarse el corazón

Estas páginas:
Huellas de los dioses.

11

y se retorcían del dolor, porque aquél era sólo privilegio de Takutsi.

—¡Eso también lo soñé! —exclamó Maxakuaxi lleno de gozo, mientras los dioses robaban las jícaras y las varas emplumadas que después se convertirían en los instrumentos sagrados.

Los dioses no tardaron mucho en aprender a hacer sus rituales con aquellos tesoros recién robados: movían sus varas emplumadas, mientras pensaban en todo aquello que podía hacerlos felices; hacían ofrendas de flechas y jícaras y hasta aprendieron a cantar. Y los gigantes, pobres, todavía siguen intentando hacer los malabares de Takutsi sin ningún éxito. Tal vez el día que lo logren abran un circo, o quizá se decidan a seguir caminando rumbo al este.

Hay quien piensa que fue gracias a sus plegarias que los dioses lograron llegar hasta el desierto donde sale el sol. Sin duda los rituales los ayudaron a alcanzar su destino. Pero los dioses jamás hubieran conocido el amanecer si no hubieran estado aburridos aquel día en el océano y, sobre todo, si no se hubieran atrevido a soñar con él.

Diosa que se transforma en serpiente, que se transforma en manantial.

Página siguiente:
Venado.

Kauyumari, el cazador

uando el mundo era nuevo, tan nuevo que los recuerdos no existían aún y las cosas todavía no conocían sus nombres; cuando los astros inventaban sus caminos y las flores descubrían la primavera, fue creado el primer joven, Tamatsi Kauyumari, que podía jugar todo el tiempo porque, como todo era tan nuevo, las reglas no existían aún. Así que corría por la sierra persiguiendo a los venados y, de cuando en cuando, cazaba alguno para comer.

Pero los dioses no podían permitir que la vida de Kauyumari fuera sólo diversión. Así que un día dejaron caer sobre la sierra a una hermosa venada a la que Kauyumari persiguió por horas bajo el rayo del sol. Él

Página anterior:
Kauyumari, el viento y la palabra, 2005.
60 x 60 cms.

Derecha:
Kauyumari en plena transformación.

15

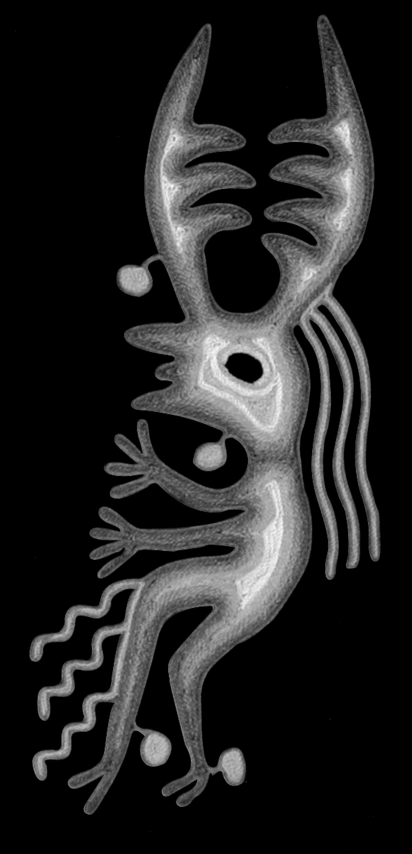

la acechaba con arco y flecha, y ella se escondía entre los matorrales para ver si el cansancio vencía al cazador. No sabemos si fue la fatiga o fue la insolación, pero de pronto Kauyumari comenzó a encontrar a la venada cada vez más hermosa: sus mejillas se tornaron rollizas; sus labios se pintaron del color del fuego...

La metamorfosis ocurrió frente a los ojos de Kauyumari: poco a poco el cuerpo de la venada se transformó en el de una criatura tan hermosa que sólo podía ser llamada "mujer". Pero ésta no fue una transformación fácil. La venada se convirtió en mujer que se acercaba a Kauyumari orgullosa de sus encantos, y después otra vez en venada que huía a esconderse entre los matorrales, y luego nuevamente en mujer. Hay quien dice que a la fecha esta metamorfosis sigue su curso, y la llama seducción. Pero no podemos saber si tal arte nació entonces porque, cuando todo esto sucedió, el mundo era nuevo, tan nuevo que tampoco había poetas que dieran cuenta del origen del amor.

Kauyumari corrió muchas lunas tras la venada en plena transformación. No supo del hambre, ni del cansancio,

Chamán en su silla ritual.
Página anterior:
Tamatsi Kauyumari.

17

Xiriki o templo.

Página siguiente:
Kauyumari se comunica con los dioses.

hasta que se vio a sí mismo en un lugar nocturno y húmedo que no reconoció: aquello iba a ser el país de los muertos, claro, cuando los hubiera, porque por lo pronto era sólo un descampado con unas cuantas matas. Kauyumari trató de iluminarse con la belleza de la venada, pero al alejarse, como siempre, ella se perdió en las tinieblas. Fue en aquella soledad cuando él descubrió el temor: era una sombra inmensa que lo aplastaba contra el piso, algo nunca visto en aquel mundo nuevo donde el miedo no había encontrado su lugar.

"¿Qué voy a hacer?", pensaba Kauyumari cuando de pronto sintió esa patada en el vientre que es el hambre; luego tuvo frío, después sed, y al final, lloró. Acostumbrado como estaba a juguetear todo el día, Kauyumari tuvo que descubrir a la venada para aprender que la vida a veces tiene un cierto sabor de incompleto y que también existe el dolor.

Fue entonces cuando él se sentó junto a unos extraños matorrales de aquel país lejano y se dejó abrazar por

Kauyumari siente el poder
de los dioses.

Página siguiente:
Chamán con cactus de peyote
durante el ritual.

la desolación. Desesperado cortó una rama que le pareció apetitosa, se enjugó las lágrimas y la mordió. "No sabe tan mal", se dijo a sí mismo. Y cortó más y más, y más y más ramas de aquellos arbustos, y todas se las comió.

¡Había probado el alimento del país de los muertos! Los dioses lo vieron y acordaron darle una lección: Kauyumari se convirtió en un venado de dulce mirar. Los dioses se reían pensando que aquello era un castigo. Pero, ¡ja!, con el ágil cuerpo que estrenaba alcanzó a la venada que lo observaba escondida en aquel extraño lugar. Y ella se rindió atónita, sorprendida ante la belleza salvaje de aquella criatura que se había convertido en presa por ser cazador.

Todo esto sucedió cuando el mundo era nuevo, cuando las cosas todavía no tenían una forma definitiva. Y por eso ocurría con frecuencia el arte de la transformación. Pero hay quien dice que esto sigue sucediendo en la sierra huichola, y que cuando llega a los niños el tiempo de dejar de jugar, ellos corren para flechar al venado en una cacería que ciertamente los cambiará.

La madre del maíz

Watakame no lo sabía, pero él iba a ser el primer sembrador: el primero en conocer los secretos de la tierra, del maíz y de la historia de amor que ellos escriben año con año para que los hombres tengamos las cosechas y podamos comer. Eso ahora todos los huicholes lo saben, pero Watakame no podía imaginarlo cuando esta historia comenzó.

Él tenía hambre. Llevaba varios soles sin comer recorriendo la tierra en busca de un poco de comida. Pero encontrarla era tan difícil que incluso llegó a pensar que a los dioses se les había olvidado crearla.

Página anterior:
La fiesta del elote, 2005.
60 cms de diámetro.

Derecha:
Kauyumari contempla la fiesta del elote.

23

La paloma del maíz.

"¿Cómo querrán que sobreviva?", pensaba mientras buscaba en las guaridas de los animales y entre las rocas algún grano con el cual saciar su hambre. Y estaba a punto de llegar a una respuesta, seguramente desatinada, cuando la vio cruzar... Era una paloma blanca que llevaba en el pico una semilla de maíz. Sólo un tonto la hubiera dejado escapar. Y ése no era el caso de Watakame, así que la siguió y la siguió, y la siguió y la siguió hasta que la paloma llegó a su casa, y se metió por alguna ventana, porque en el principio de los tiempos las palomas tampoco sabían tocar a la puerta. Pero Watakame sí sabía.

—¿Quién es? —se escuchó una voz que venía del fondo de la casita.

—Mi nombre es Watakame. La vi cruzar en el cielo con una semilla en la boca. Tengo hambre... Y quisiera negociar con usted...

Una anciana desdentada abrió la puerta.

—Disculpe, creo que esto es una confusión... busco a una paloma.

—Niño tonto, ¿qué no ves bien?

Watakame la observó detenidamente y descubrió un destello en su mirada: parecía reflejarse en sus pupilas una semilla de maíz.

—Claro, perdone, pero... ¿cómo puedo conseguir algún grano de maíz?

—Te propongo algo, muchacho... —respondió la anciana con una sonrisa astuta. —Yo tengo cinco hijas: Maíz blanco, Maíz negro, Maíz rojo, Maíz amarillo y Maíz pinto. Si tú te casas con todas ellas, yo te garantizo que nunca te ha de faltar algo de comer.

La alegría se dejó ver en la mirada de Watakame. Desde el principio de los tiempos el gozo es algo difícil de ocultar.

—Pero hay una condición: no debes maltratarlas. No quiero escuchar que les levantas la voz, ni que las pones a trabajar. Ellas harán cuanto quieran todo el día, como las princesas que son.

Sin pensarlo dos veces, Watakame aceptó. Las mejores cosas de la vida suelen llegar así: inesperadamente. Así que puso su casa y se llevó a vivir ahí a las muchachas. Y

El agua, simbolizada por la serpiente, alimenta las mazorcas.

Watakame con flechas rituales y maíz.

también llevó a su madre quien, suegra al fin, no lograba convivir en paz con las recién casadas.

—¡Pero mira qué flojas son! Pasan todo el día peinándose.

—Mamá, qué más da si las milpas están repletas.

—Pero yo tengo que limpiar la casa, preparar el nixtamal, hacer las tortillas... bien podrían ayudarme un poco.

—No, ni lo sueñes. Ellas no deben trabajar.

La mamá de Watakame lo escuchó con cuidado y aceptó sus condiciones. Pero reprendió a las muchachas tan pronto como él partió.

—¡Ahora tendrán que moler el maíz conmigo! ¡Basta de flojera! —dijo a gritos, porque algunos adultos son así.

Ellas comenzaron la molienda aterrorizadas por la mirada encendida de la madre de su esposo y, desde el principio, lloraron lágrimas de sangre. Poco después sangraron por todo su cuerpo, como si el odio de su suegra las hiriera por dentro, como si la vida se les escapara en el nixtamal. Ellas eran Maíz blanco, Maíz negro, Maíz rojo, Maíz amarillo y Maíz pinto: no había forma de que molieran las semillas sin ofrecerse ellas mismas en sacrificio en el metate.

—¡Pero qué has hecho a mis hijas! —lo reprendió la madre de las muchachas. —Has faltado a tu palabra y mereces un castigo: no volverás a cosechar sin esfuerzos. Tendrás que trabajar para obtener el maíz. Y, cada vez que siembres o coseches, tendrás que negociar conmigo con algunos rituales. Ya veré yo si te doy de comer.

Cuando los dioses están molestos, los hombres sólo podemos obedecer. Así que Watakame se sometió a los deseos de la anciana. Y aprendió a labrar la tierra, a cosecharla, a celebrar fiestas rituales siempre que tenía hambre. Y, así, se convirtió en el primer sembrador: en el primero que observaba la tierra, las mazorcas, la luna, los vientos... en el primero que los conocía y que podía sobrevivir gracias a ellos, sin errar en busca de alimento. ¡Hasta las historias más desafortunadas nos pueden cambiar la vida!

Muchos años después, murió. Pero antes de hacerlo, se aseguró de que toda su sabiduría llegara a los oídos y al corazón de los que forman su linaje. Por eso los huicholes

Watakame.

siguen esforzándose para obtener el maíz. Por eso celebran puntualmente sus ceremonias de siembra y cosecha. Y por eso recuerdan agradecidos a aquel primer campesino que les dio los secretos para vivir del fruto de su trabajo: lo recuerdan cuando admiran en sus milpas las mazorcas de maíz blanco, maíz negro, maíz rojo, maíz amarillo y maíz pinto. Ciertamente no son tan grandes como aquellas que crecían en la parcela de Watakame, pero los huicholes las encuentran más hermosas porque ver crecer el fruto que sembramos irremediablemente nos arranca una sonrisa.

Derecha:
Mazorca.

Página siguiente:
Chamán durante una ceremonia del maíz.

28

El amor de Watakame

Si a Watakame le hubieran dicho que se iba a enamorar de una perrita, no lo hubiera creído. Pero el amor es así: no pregunta, no escoge y, cuando llega, no hay nada que hacer. Pero éste es el final de la historia, y aquí es preciso empezar por el principio. Todo comenzó el día en que Watakame talaba algunos árboles para sembrar una parcela. Aquél era, sin duda, un trabajo lento y pesado, así que el campesino interrumpió su labor con el atardecer para dormir un poco. Descansó profundamente, pero no sirvió de mucho: a la mañana siguiente, los árboles que había talado habían vuelto a crecer. Taló nuevamente los troncos, y con el siguiente amanecer... los descubrió inmensos otra vez.

—¡Irrespetuosos! —Watakame les llamó la atención a los árboles. —¡Qué maña es ésa de crecer sin sentido, y echar a perder todo mi trabajo!

Watakame no recibió respuesta, pero esa noche tuvo un sueño: una paloma le había venido a decir que debería abandonar su intención de crear una parcela, y que más bien debería construir una canoa porque muy pronto vendría un diluvio y la tierra se cubriría de agua.

—¿Un di... qué? —la interrumpió.

—Un diluvio. ¡No preguntes más y haz lo que te digo!

Watakame era uno de esos hombres que saben que los mensajes de los sueños no se deben pasar por alto. Así que tan pronto despertó comenzó con su canoa y, ¡claro!, los árboles sí cooperaron esta vez. Casi había terminado, cuando empezaron a caer las primeras gotas.

—¡Súbete, anda! —instó a su perrita, y alcanzó a embarcar suficientes mazorcas de maíz.

Watakame era un buen constructor: la canoa resistió intacta durante todo el diluvio. No sabemos cuánto tiempo llovió, pero la luna cambió de rostro varias veces y los vientos se tornaron fríos y luego recuperaron su calor. Watakame aprendió entonces a observar y a medir estos cambios. Y es que, en realidad, había tan poca diversión

Watakame durante un ritual.

con tanta lluvia que, para no dejarse abatir por el aburrimiento, inventó la ciencia.

El diluvio terminó y las aguas descendieron.

—Me tendrás que esperar aquí, mientras busco un lugar para hacer una parcela —advirtió Watakame a la perrita porque ya había construido una casa y alguien tendría que cuidarla.

Ese día Watakame encontró el sitio adecuado para cultivar y comenzó a descamparlo. Pero volvió pronto al hogar porque tenía que prepararse algo de comer y no quería que el hambre lo tomara desprevenido. Cuando llegó a su casita, las tortillas ya estaban hechas. ¡Vaya sorpresa, si no había nadie más en el mundo! O cuando menos eso pensaba Watakame, porque a veces nos gusta creer que somos los únicos. Así nos sentimos un poco importantes, aunque eso no siempre sea cierto. No lo era cuando menos en el caso del sembrador que, al día siguiente, cuando volvió de su parcela, no sólo encontró las tortillas hechas, sino que además las sintió calientitas.

"¡Quién sabe quién hará estas tortillas, pero qué bien le quedan!", se dijo a sí mismo. Y es que, aunque seguía solo, ya empezaba a disfrutar lo maravillosa que se vuelve la vida cuando se comparte: de pronto pareciera que los días se llenan de sorpresas inesperadas que te obligan a sonreír por dentro.

Esta historia se repitió varios días, hasta que Wataka-me empezó a sentirse insatisfecho de sólo devorar las tortillas. ¿Quién las haría? ¿Por qué? Parecía tener una gran urgencia por descubrirlo. Era inevitable: había nacido el amor con su hambre voraz de querer saber.

Muy pronto, el corazón de Watakame vio nacer la transformación: ya no ponía atención a la parcela. Y es que pasaba todo el tiempo fantaseando en torno a esa criatura que le preparaba diariamente las tortillas. "Seguro será bellísima", pensaba. Las horas se le escapaban recorriendo todas las posibilidades en su imaginación. ¡Quién dijo que el amor trae sólo cosas buenas! Watakame descuidó tanto su milpa que, muy pronto, el maíz se le empezó a podrir. Pero, bueno, eso no le parecía tan importante como descubrir quién estaba detrás del misterio de las tortillas.

Watakame urdió un plan y, esa mañana, en lugar de ir a trabajar en su milpa, que ya de por sí estaba muy

Chamán o *mara'akame*.

Tamatsi Kauyumari.

Página siguiente:
La novia de Watakame.

descuidada, se quedó cerca de la casa con el afán de espiar a tan esperada criatura.

El sembrador abrió los ojos. Su mirada brillaba tanto que parecían haberle nacido dos estrellas en el rostro: era el asombro de descubrir que, tan pronto como él partía, la perrita que lo había acompañado durante el diluvio se quitaba la piel para convertirse en una bella mujer que lo agasajaba con sus tortillas. Todo este tiempo la había tenido frente a sus ojos. Al parecer ella había estado enamorada desde siempre, y por eso había decidido cuidarlo cariñosamente. Y a él le nació el amor con la curiosidad.

Sin pensarlo dos veces, Watakame salió de su escondite, tomó la piel de la perrita y la arrojó al fuego donde se cocerían las tortillas. Y ella le sonrió con un dejo de complicidad. Así es el amor: mucho más grande que las palabras. Por eso no pregunta, no escoge y, cuando llega, no hay nada que hacer.

El don de ver

esa noche, José soñó que se convertía en venado. Y, a partir de ese sueño, todo cambió para él. Uno nunca sueña cosas fortuitas. Su abuelo se lo había dicho: "los sueños son la voz de los dioses, así que nunca debes ignorarlos. Cuando estás dormido, ellos te hablan en secreto, y por eso a veces ves cosas que no entiendes".

José era entonces un niño, pero muy pronto dejaría de serlo. Y eso no lo tenía tan contento porque entre los huicholes se dice que los adultos son un poco ciegos: las preocupaciones les nublan la vista. Y por eso, pierden la capacidad de ver la verdadera forma del mundo, esa que está detrás de las cosas que

Página anterior:
Nierika *(el don de ver) y los puntos cardinales*,
2005.
150 x 90 cms.

Derecha:
Personaje que adquiere el don de ver.

39

Arriba y página siguiente :
Visiones de José Benítez Sánchez.

vemos todos los días y que sólo pueden contemplar los niños y unos cuantos chamanes.

—¡Cuéntame tu sueño de nuevo! —le dijo su abuelo cuando lo vio tan perturbado. Y él le relató una vez más que el venado había decidido regalarle su corazón. Y que, al hacerlo, había caído muerto.

—Pero luego fue rarísimo, abuelo, porque enseguida me salieron cuernos y cola de ciervo, como si en lugar de morir, el venado se hubiera ido a correr a algún lugar dentro de mí.

El abuelo fue el único que le aconsejó ir en busca de ese venado. El resto del pueblo se burló de él.

—Es José, cara de venado, no se acerquen mucho, no vaya a ser que los lastime con sus cuernos.

—Y ahora que eres un ciervo, ¿por qué no comes sólo hierbitas?

—¿Así que te vas a casar con alguna venada? Mucha suerte, mi querido animal.

Pero José procuraba no escucharlos: hay gente que tiene el alma tan llena de dolor que no puede entender que un venado bien puede correr en tu interior.

Esa noche lo soñó de nuevo: él lo perseguía por horas para cazarlo y, al momento de tirar la flecha, era el propio José el que resultaba flechado, el que agonizaba y el que exhalaba su último suspiro.

—Ya te he dicho que lo vayas a buscar —lo reprendió el abuelo —porque si alguien sacrifica a ese animal antes de que lo encuentres tú, te vas arrepentir por siempre de no haber escuchado el mensaje de tus sueños.

Cuando José soñó al venado por tercera vez, preparó un poco de comida y algo de agua, y decidió salir a buscarlo. ¿Alguien sabe de una mejor brújula que la que nos dejan los sueños y un poco de intuición?

Esa tarde, en la sierra, José lo vio por primera vez. Supo que era el venado que buscaba cuando cruzaron miradas: los ojos del ciervo brillaban como brillan las cosas que uno elige desde el corazón. José apenas pensaba en qué era lo que debía hacer cuando el ciervo salió corriendo. Parecía querer jugar a las escondidas para que José corriera tras él.

Aquél era un juego divertido, pero las huellas del venado, sin que él se diera cuenta, alejaron a José de su casa,

de su pueblo, de sus padres, del abuelo, y de todos los parajes que había conocido. Y, de pronto, cayó la noche.

"¡Chin!, ¿qué voy a hacer? ¿Cómo voy a volver a casa?", se preguntó José en medio del bosque, con la luna como única compañera, en alguno de los momentos en los que el venado había desaparecido.

Pero José tuvo poco tiempo para arrepentirse porque, tan pronto el miedo se apoderaba de su corazón, el venado se dejaba ver para hacerle saber que siempre hay algo más valioso que el temor.

Así pasaron varios días en los que José no regresó al pueblo. Al principio, lo fueron a buscar en los valles cercanos, y luego lo dieron por muerto. Sólo el abuelo tenía la certeza de que su nieto seguía corriendo detrás del venado.

—A veces los sueños nos llevan demasiado lejos —les explicaba a todos en la comunidad —pero uno siempre vuelve a donde está su corazón.

Muchos no pudieron entenderlo, y otros tantos no quisieron hacerlo. El abuelo sabía que era inútil seguir explicando: hay adultos que son sordos a la voz de su interior.

Las abejas.

Página anterior:
Tamatsi Kauyumari y la serpiente.

La paloma del maíz.

Página siguiente:
Tamatsi Kauyumari.

Por eso a veces les está vedada la sabiduría; por eso han perdido el don de ver la verdadera forma del mundo.

José no se dio cuenta, tal vez porque la comida se había terminado, porque llevaba varios días en ayuno o porque estaba agotado, pero hacía varias horas que los seguía un cazador de esos que se internan en la sierra para matar sólo por diversión. Una flecha alcanzó al venado que le había dado sentido a sus últimos días.

Cuando José vio al ciervo herido, se le acercó. Le quitó la flecha y trató de sanarlo, pero fue inútil. La vida se escapaba lentamente de aquel animal herido que en su mirada parecía decirle a José: "Gracias por acompañarme en estos momentos". El niño comprendió que no había nada que hacer y abrazó al venado. Se acercó a besarlo en un rito de despedida y éste exhaló su último aliento sobre el rostro de José. Al ver esta escena, el cazador se sintió un intruso, y partió.

A manera de homenaje, el pequeño juntó piedritas y flores para hacerle a su amigo un santuario en la sierra, el más hermoso de todos. Y ahí colocó su cuerpo.

Todo había cambiado para José, que decidió volver al hogar cuando terminó los honores del ciervo. Aquellos parajes que antaño le habían parecido inhóspitos, ahora tenían sentido: eran los caminos de su amigo el venado, así que a cada paso le parecía verlos mejor y comprenderlos mejor. Y es que, en el calor de su aliento final, el ciervo le había obsequiado aquello que brillaba en su mirada y que lo había invitado a seguirlo. Era el mejor regalo que un hombre podía recibir: el don de ver, que estaba destinado tan sólo a los niños o a aquellos que supieran prestar oídos a los mensajes de sus sueños.

Cuando José volvió al pueblo, todos se pusieron tan contentos que hasta hicieron una fiesta. Pero nadie notó el cambio profundo que había vivido José. Sólo el abuelo le dijo:

—Mira tu sombra. ¿Ya te diste cuenta que tiene cuernos y cola de venado?

¡Claro! El abuelo era un sabio. Hace muchísimos años él había vivido una aventura similar. Y también había sido premiado con el don de ver la verdadera forma del mundo.

Jícaras y velas rituales.

Página siguiente:
El venado con puntos y estrellas
que simbolizan la energía de la vida.

**El sueño de los dioses
y otros cuentos huicholes**
se terminó de imprimir en el mes de julio de
2012 en los talleres de World Printing Network
con domicilio en
Av. Santa Fe, núm. 94, torre A, piso 8,
col. Zedec, C.P. 01210.